一日一祷

毎日の聖書と祈り

石井錦一、木下宣世、関 茂、渡辺正男

日本キリスト教団出版局

はじめに

木下宣世

イエスさまは祈りの人でした。福音書を見るとイエスさまは山に登られたり、人里離れた所に退いて祈られたことが書かれています。

また、洗礼を受けられたとき、十二弟子をお選びになる前夜、山の上で姿が変わられたとき、十字架を前にしてのゲッセマネにおいて、そして十字架上で御自分を十字架につけた者たちのために祈られました。皆イエスさまの生涯における重要な局面です。大切な事柄を前にして決断を要するとき、イエスさまは御自分の使命を果たすため父なる神の前に静まり、御旨を問い、助けを祈り求めたのです。

もちろん、それだけでなく毎日の生活の中でも絶えず祈られたことでしょう。受洗されたときに祈り、最後に息を引き取られるとき「父よ、わたしの霊を御手にゆだねます」と祈られたイエスさまの公の生涯は祈りによって始められ、祈りによって閉じられました。まさに祈りに貫かれた生涯でありました。

そのイエスさまが私たちにも祈ることを勧め、祈りの道を備えてくださいました。「わたしたちにも祈りを教えてください」と願う弟子の一人に、「祈るときには、こう言いなさい」と「主の祈り」を与えてくださいました。

特に「父よ」と呼んで神さまに祈るようにとお教えになりました。これは驚くべきことです。破格の恵みです。イエスさまは十字架の死によって私たちの罪を贖い、私たちを罪の滅びから救い出してくださいました。私たちは罪赦されて神の子とされたのです。今や私たちは神の子です。神の子として神さまに「父よ」と祈ることがゆるされているのです。

ですから、キリスト者にとって祈りは義務ではありません。むしろ感謝であり、喜びです。祈りはイエスさまからの賜物です。イエスさまは御自分の命をささげて、私たちに祈る道を開いてくださいました。私たちにとってこれ程大きな恵みはありません。

にもかかわらず、私たちの日常生活をかえりみるとき、私たちはいかに祈りをおろそかにしているかを思わざるを得ません。忙しさにかまけて祈ることを怠ったり、日毎の祈りがいつの間にか心のこもらぬ習慣的なものになってしまいます。

また、祈りたいという熱心な気持ちを持っていても、どう祈ったらよいのかよくわからないという方もいるかも知れません。特に信仰に入って間もない方は、周囲の人々のよく整った祈りを聞いて、かえって難しく感じられることもあるでしょう。

あるいは、信仰上の悩みや躓《つまず》きに遭い、祈る気になれないということや、祈りそのものに疑念を抱く場合もあるかも知れません。

このように私たちを祈りから遠ざけようとする要因は数多くあります。しかし、それらの妨げを乗り越えて祈るようにとイエスさまは招いておられます。短くてもよい、整わなくてもよい、唯《ただ》神の子とされた者として、「父よ」と呼びかけてごらんなさいと言われるのです。そうすれば神さまは聞いてくださいます。神さまは私たち以上に私たちに必要なものをご存知です。私たちの祈りに応えて、私たちの願いよりさらに豊かな恵みを与えてくださるでしょう。

「何事につけ、感謝を込めて祈りと願いをささげ、求めているものを神に打ち明けなさい。そうすれば、あらゆる人知を超える神の平和が、あなたがたの心と考えとをキリスト・イエスによって守るでしょう」（フィリピ四・六―七）とある通りです。この約束を信じ、またイエスさまの招きに従って私たちは祈る者になりたいと思います。

本書はそのような思いを実現するための手助けになることを願って作られました。一日から三十一日まで、一日一編の祈りとそれに相応しい聖句が挙げられています。これらの祈りは四人の牧師がかつて雑誌『信徒の友』に巻頭の祈りとして記したものです。

どれも皆正直な祈りだと思います。神さまのみそば近くに進み出て、自分の心の内を隠さずに申し上げています。良いことばかりではありません。他者に対する悪意や怒り、神さまへの疑いやつぶやき、自分の弱さや不誠実等についても祈られています。

でも興味深いのは祈っているうちに転換が生じることです。悔い改めがなされ、信仰への立ち帰りが起こるのです。短い祈りの中に長い信仰生活の紆余曲折が凝縮されているようです。

また、私たちが気付かなかった事の中に神さまの恵みを見出し感謝する祈りもあり、教えられます。あるいは広くこの世界が抱える諸問題の解決を求める祈りに共感をおぼえることもあります。

これらの祈りに慰められ、励まされ、力を与えられて、自分も自分の言葉で祈ってみようと思われる方があれば幸いです。

一日一回その日のページを開いて聖句と祈りを読んでください。そしてご自分でも祈ってみてください。朝でも夕べでも就寝前でも時間はご自分の生活に合わせてお決めになればよいでしょう。場所も自宅、職場、学校、車中等自由です。

病床でお読みになる方もあるでしょう。

いつ、どこででも、毎日この本のページを開くことによって生活の中に祈りを根付かせていただければと願っています。

また、第二部には教会暦にちなんだ祈りと聖句が集められています。その季節が来たらお読みいただけたらと思います。

祈りによって父なる神さまとつながり、霊的な交わりが与えられる。その交わりの中に生かされる歩みの積み重ねが私たちキリスト者の生涯です。読者の皆様がこの祝福に満ちた生涯を歩まれるよう心からお祈りいたします。

一日一祷

毎日の聖書と祈り

目次

第二部　教会暦の祈り

装丁・桂川　潤
表紙写真・おちあいまちこ

本書の祈りは、いずれも雑誌『信徒の友』巻頭の祈りとして記されたものです。
雑誌掲載後、次の書籍に収録されました。

石井錦一『祈れない日のために』（一九八五年）
石井錦一『信じられない日の祈り』（一九九二年）
木下宣世『「神さま」と呼ぶ祈り』（写真・森本二太郎、二〇〇九年）
関　茂『今この時　この祈り』（一九九九年）
渡辺正男『祈り　こころを高くあげよう』（二〇一五年）

いずれも、日本キリスト教団出版局刊

それぞれの祈りの終わりに、執筆者名と引用元書籍の頁数を記しました。
また本書収録にあたって、聖書の言葉を加えました。聖書は『聖書　新共同訳』
（日本聖書協会）に基づいています。

第 1 部

毎日の祈り

1日　まず祈ろうね

だれも、悪をもって悪に報いることのないように気をつけなさい。お互いの間でも、すべての人に対しても、いつも善を行うよう努めなさい。いつも喜んでいなさい。絶えず祈りなさい。どんなことにも感謝しなさい。
（テサロニケの信徒への手紙I　五章一五―一八節）

神さま
けんかをして怒りにもえている時
許せない憎しみに煮えたぎっている時
あの人もこの人も悪い人と

悪口のかぎりをつくしてわめいていた時
信仰に生きていた母から
「どんな時も　まず祈ろうね」と
教えられたという話をききました

母とともにいやいや祈っているうちに
憎い人のためにも
なぐりたい人のためにも
言葉を出して祈りつづけると
ふしぎと　怒りや憎しみが
変えられてきたことを教えられました

どんな時にも「まず祈ろうね」
と言う声がいま聞こえてきます

祈りたくない時にも　祈れませんと
祈る心をあたえてください
忙しくて　祈っているひまのない時にも
まず祈ってからはじめる心をください

このことをどうしても言わずにおれない
そんな思いで　不用意に語る言葉が
人を傷つけ　苦しめてきました

怒りの時に　正義の主張の時に
まず　祈ってからはじめる心をください
まず祈ることのできる信仰をください

（石井錦一、信、一二〇頁）

2日　イエスさまを通して

はっきり言っておく。あなたがたがわたしの名によって何かを父に願うならば、父はお与えになる。
（ヨハネによる福音書一六章二三節）

神さま、
イエスさまを通してあなたに祈ることを
教えてくださり、ありがとうございます。
本来罪に堕《お》ちた者が、
聖なる方にお祈り申し上げることなど

できるはずもなかったのです。
ただ御子なるイエスさまが
「天の父よ」とあなたに呼びかけて祈る道を
備えてくださいました。
この幸いを心から感謝します。

神さま、
与えられた祈りの恵みを大切にし、
清い心であなたを呼び求める者として
ください。

立派な祈りより、

正直な祈りをなさせてください。
飾った言葉でなく、
素直な言葉で祈らせてください。

できるかぎり真実な言葉を用い、
自分の心をあなたに傾け尽くす祈りを
なさせてください。

それによって神さま、
あなたとの霊の交わりに
入らせていただけます。

これに勝る喜びは、ありません。

（木下宣世、一九頁）

3日　いのちそのもの

わたしは良い羊飼いである。良い羊飼いは羊のために命を捨てる。

（ヨハネによる福音書一〇章一一節）

わたしたちの主イエスさま
きょうもそのお姿をしのびながら
新しく一日を歩ませてください
あなたご自身がわたしに連れ添い
支え　助け　導いてくださる
ありがとうございます
あなたはいつもそうでした

助けを求める声に耳を傾け
悲しみ嘆く声を聞きもらさず
人の痛みにそっとみ手をのべ
慰めと励まし　癒しと快復を
一人ひとりに惜しみなく与え
ご自分では少しの休む暇なく
たずね　探し　訪れられたあなた
ありがとうございます
わたしたちのために
ご自分を終わりまで費やされたお方
そしていのちの始まりを用意し
みずからそのものとなられた
感謝です　主イエスさま

（関茂、三六頁）

4日　望み新たに

さあ、行って、弟子たちとペトロに告げなさい。「あの方は、あなたがたより先にガリラヤへ行かれる。かねて言われたとおり、そこでお目にかかれる」と。

（マルコによる福音書一六章七節）

天の父なる神さま
主イエスが捕らえられるとき
　弟子たちは　主を見捨てて逃げました
ペトロは　大事なときに「そんな人は知らない」と
　主イエスとの関わりを否み　身を守りました

神さま
その歯がゆい弟子たちを　復活の主イエス・キリストは
「わたしの兄弟たち」と呼び　「特にペトロに」と名指しして
お招きになり　受容し　そしてお用いになりました

神さま
復活の主は　弟子たち以上に不甲斐ないわたしにも
「わたしの兄弟」と声を掛けて　温かく招いてくださる
ありがとうございます
その御愛に堅く立ち　望み新たに歩ませてください

（渡辺正男、三二頁）

5日　この私のための祈り

シモン、シモン、サタンはあなたがたを、小麦のようにふるいにかけることを神に願って聞き入れられた。しかし、わたしはあなたのために、信仰が無くならないように祈った。だから、あなたは立ち直ったら、兄弟たちを力づけてやりなさい。

（ルカによる福音書二二章三一—三二節）

神さま
あなたを信じてあなたに従う者は
聖書を読みこの教えに従って生きることが

あたりまえのことと思ってきました

しかし、信仰の歩みの中で
聖書をどうしても読めない
読みたくない日々がありました
なぜ？　どうして？　と問いつづけたい
苦しみや、悲しみの日がつづいたとき
眼の前の耐えがたい重荷のために
聖書を読むことも、祈りをすることも
忘れはてている日々がありました

聖書を手にすることをしない私のために
あなたは、私の心にみ言《ことば》をもって
語りかけてくれました

「わたしはあなたの信仰が
なくならないように
あなたのために祈った」

あのペトロへのあなたの言葉が
この私のためのあなたの祈りであると
わかったとき、もう一度
聖書をどうしても読まずにおられない私に
あなたが導いてくださったことを
いま心から感謝をもって信じています

（石井錦一、祈、五六頁）

6日　生かされている恵みを

こういうわけで、わたしたちもまた、このようにおびただしい証人の群れに囲まれている以上、すべての重荷や絡みつく罪をかなぐり捨てて、自分に定められている競走を忍耐強く走り抜こうではありませんか、信仰の創始者また完成者であるイエスを見つめながら。

（ヘブライ人への手紙一二章一―二節）

神さま
物事がうまくいっている間は元気です
生きることもそれほど重荷ではありません

生きていることをありがたく
感謝する日々がおりおりあります

しかし　いったん物事がひどくこじれると
私の生活はあれこれとみだれてきます
他人から誤解されて
生活に疲れてしまったときには
自分はどうして生まれてきたのか
なぜ生きつづけないといけないのかと
思うことがあります
自分の存在に自信を失い
何の役にもたたない人間だと思ってしまいます

生きがいが感じられず

気のめいるような日々がつづくときに
なぜだかわからないのですが
私の心の奥に〝生きなさい〟という
命令とも思える声がきこえてきます
あなたは自分で生きていると思うから苦しいのだ
あなたは生かされていることを
忘れてはいけない　というみ声をききました

私の生命《いのち》はあなたのみ手にあると信じて
きょうも生きる力をあたえてください

（石井錦一、信、二六頁）

7日　恐れなく

まことに、主はイスラエルの家にこう言われる。わたしを求めよ、そして生きよ。
（アモス書五章四節）

お招きくださる神さま
生きよと言われ
生かしてくださる神さま
ありがとうございます
お陰さまでわたしがおり
わたしたちがいて
感謝と讃美はきょうも新たです

だから　あなたのくださる恵みを
きょうも新たな気持ちでいただき
あなたのくださるみ言葉を
新しい耳と心で聞かせてください
み言葉はわが足のともしび
そうです
これがなければわたしたちは迷います
そのかわり
これさえあれば何ものも恐れません
たとえ死の陰の谷を歩むとも　です
神さま　どうかお導きください
勇気をもって踏みだすきょうの一歩を
お願いします　神さま

（関茂、五二頁）

8日　からだ全体で賛美します

主にのみ、わたしは望みをおいていた。
主は耳を傾けて、叫びを聞いてくださった。
……わたしの口に新しい歌を
わたしたちの神への賛美を授けてくださった。
（詩編四〇編二、四節）

天の父なる神さま
わたしたちの教会は小規模で　ほとんどが高齢者です
それぞれに故障を抱えて　不自由も増しています
声を掛け合い　支え合って　礼拝に身を運びます

神さま
大きな声は出ません　でもからだ全体で
　あなたの御名を　精いっぱい賛美します
　心を差し出すようにして　祈りをささげます

神さま
わたしたちは　まことに小さな存在ですが　それでも
　地域の人を代表して　礼拝をさせてください
　多くの人の　とりなしの祈りをさせてください
そのようにして　「世の光・地の塩」でありますように

（渡辺正男、七〇頁）

9日　心から生きる

主の御名を賛美せよ。
主は命じられ、すべてのものは創造された。
（詩編一四八編五節）

すべてのものを造られた神さま
だから　すべてのものに
あなたの愛がこめられています
ありがとうございます
だから　たがいに愛し合って
損《そこ》なうことなく　憎み呪うことなく
ともに生きることがあなたのみこころ

どうか　そうさせてください
人間だけでなく　好きな者だけでなく
身の周り　町や村　地球上すべて
造られてきょうもそこにあるものたち
どうか　たいせつにさせてください
いろいろなものをお造りになった神さま
その豊かさに気づかせてください
自分にはないものをそこに見いだし
そこに宿るあなたの恵みに驚き
畏《おそ》れと慎みを新たにしてください
生きるって　ほんとにすばらしい
みんな　みんなを　生かしてください
ありがとうございます　神さま

（関茂、一八頁）

10日　あの花のように

「内なる人」としては神の律法を喜んでいますが、わたしの五体にはもう一つの法則があって心の法則と戦い、わたしを、五体の内にある罪の法則のとりこにしているのが分かります。わたしはなんと惨めな人間なのでしょう。死に定められたこの体から、だれがわたしを救ってくれるでしょうか。わたしたちの主イエス・キリストを通して神に感謝いたします。

（ローマの信徒への手紙七章二二―二五節）

神さま、
私の心の中に他人《ひと》と自分を較べて

優越感にひたろうとする思いが
あることを告白します。

自分より優れた人を見ると
妬《ねた》みます。
その人の中に小さな欠点でも見つけると
安心し、ひそかに喜んだりします。

自分より劣っていると思う人を
軽視したり、さげすむことさえ
してしまいます。

他人《ひと》との比較において
一喜一憂するのです。

何と醜く、惨《みじ》めな心根でしょうか。
自分が情けなくなります。

他人を差別する思いが
自分の中に巣くっている様を
見せつけられるようです。

神さま、助けてください。
この醜い思いを拭《ぬぐ》い取ってください。

今朝、道ばたで
春の到来をつげる小さな花を
見つけました。

まっすぐに、天を見上げて咲いていました。
空の色を映すような澄んだ青さに
心が洗われました。

神さま、
あの花のように
私の心を清くしてください。
明るく解き放たれた心を与えてください。

（木下宣世、八五頁）

11日

あなたを畏れる者として

あなたの天を、あなたの指の業を
　わたしは仰ぎます。
月も、星も、あなたが配置なさったもの。
そのあなたが御心に留めてくださるとは
　人間は何ものなのでしょう。

（詩編八編四―五節）

神さま
生きるのに必要な　たくさんのものを
　ありがとうございます
豊かな自然を　水も空気も大地も海も

ありがとうございます

けれど　その豊かな自然が　いま損《そこ》なわれてきています
世界の多くの人が　安全な水を使えないでいます
異常気象による自然災害も多発しています
わたしたちは　どうしたらよいのでしょう

神さま　わたしたちは　あなたから預かったものを
　粗末にして　浪費していないでしょうか
どうぞ　あなたを畏れる者でありますように
どうぞ　少しでも　分かち合って生きる者で
　ありますように

（渡辺正男、八八頁）

12日　祈れないときに

同様に、〝霊〟も弱いわたしたちを助けてくださいます。わたしたちはどう祈るべきかを知りませんが、〝霊〟自らが、言葉に表せないうめきをもって執り成してくださるからです。人の心を見抜く方は、〝霊〟の思いが何であるかを知っておられます。〝霊〟は、神の御心に従って、聖なる者たちのために執り成してくださるからです。

（ローマの信徒への手紙八章二六―二七節）

神さま、祈れないのです
祈りたくないのです

何をどう祈ったらよいか、わからないのです

信仰の友が、美しい言葉で
たくみに祈っているのをきくと
あれは、ウソだと思ってしまいます
自分の祈りに酔っているだけだと
冷ややかに友の祈りをききます

私はキリスト者だ、神さまを信じていると
どんなに自分にいいきかせても
祈れないのです
そして、だれかの祈りをきいても
ほんとうの祈りは
このような祈りではないと

つぶやいてしまいます

しかし、神さま
ある日
私は祈れないのではなく、祈りたくない
祈りを必要としないで
生きてきた自分だと知りました

人が何をいおうと、何をしていようと
私がいまどうしても求めなければならない
真実さがないと知りました
魂の底がおちていくような
おそろしさを知りました

その時、はじめて心の底から
「神さま」と祈れました
あの時から、私は祈ることが
感謝になりました

（石井錦一、祈、九〇頁）

13日　たゆみなく

だから、明日のことまで思い悩むな。明日のことは明日自らが思い悩む。その日の苦労は、その日だけで十分である。

（マタイによる福音書六章三四節）

きょう一日をくださる神さま
ありがたくちょうだいいたします
きょうもまた尊い旅路の一日です
よけいな荷物は持たず
いただくものだけをいただいて
感謝し喜び行かせてください
あなたがくださったきのう

あなたがくださるあした
すべては天にある国籍を目ざして
そういうものとしてきょうがあります
ここだけとか　今だけと思わず
いさぎよく出発させてください
旅路のところどころに
あなたが咲かせていてくださる花々
それに慰められ　それを励みとして
見落とすことなく　欲をかくこともなく
いつもたしかに養われ
永遠のゴールにたどり着く日まで
どうかたゆまず進み行かせてください
ありがとうございます　神さま

（関茂、八六頁）

14日　毎日を終末の日として

わたしは裸で母の胎を出た。
裸でそこに帰ろう。
主は与え、主は奪う。
主の御名はほめたたえられよ。
（ヨブ記一章二一節）

神さま
私はいつか
死ぬのだということはわかっています
しかし　すぐにくることではないと思って

まだあれこれと　したいこと
しなければならないことを考えています
死ぬことはずっとさきのこと
いつかやってくることと思っています

確かな死を宣告された人たちの
その死に至るまでの生活の記録を
よむ時に　感動します
でも　それは人のことであって
ほんとうに私のことにならないのです

夜の眠りにつくとき
そのまま　朝を再びみることがなくても
神のみ手に安らかに委ねて

きょうまで生きてきたことを感謝して
眠れる生活が私にないのです

毎日　毎日を　終末の日として
朝　再び生きることを許された恵みを
感謝して生きる心をください
いつまでも　自分の心をごまかして
生きている私に　きょう　いま
せいいっぱい生きぬく信仰をください

（石井錦一、信、三二頁）

15日　静まってかえりみると

力を捨てよ、知れ
わたしは神。
国々にあがめられ、この地であがめられる。
（詩編四六編一一節）

神さま、
「あなたは自分自身を神としている」と
指摘された時、
心の内に強い反発を感じました。
「とんでもない。

どうしてこの自分が神であり得ようか。
私はそんな大それたことなど
考えたこともない」と。

しかし、神さま、
静まってかえりみると、
私はこれまでしばしば

神さまの御用でなく、自分の都合を優先し、
神さまの御命令でなく、自分の思いに従い、
神さまの御言葉でなく、自分の考えを信頼し、
神さまの御力でなく、自分の才覚に頼って、
生きてきたことを思わざるをえません。

そして、
これこそが神さまをないがしろにし、
自分を神とするあり方なのだと
気づかされました。

神さま、
お赦しください。

自分を神とする誘惑から私を守り、
あなただけを、真に神とする生き方に
導き入れてください。

（木下宣世、四七頁）

16日　友よ

わたしはあなたがたを友と呼ぶ。父から聞いたことをすべてあなたがたに知らせたからである。

（ヨハネによる福音書一五章一五節）

主よ　罪びとのわたしたちを
友よと呼び　お招きくださって
ありがとうございます
友らしい友の少ない世の中で
まして友でありえないわたしたちが
なんと　神の友とされているさいわい

ありがとうございます
招かれてゆるされた者にふさわしく
ひとをゆるし　受けいれ
友なき者の友となることができるよう
そういうわたしたちとしてください
好意をもって人びとに接し
好意をもって共に手をとり合い
好意をもって共に喜び合う者へ
きょうもわたしたちを変えてください
主にならって　主のように
どうか身も心も新しくしてください
変わる　とは新しくなること
そうさせてくださるのもあなた
神さま　ありがとうございます

（関茂、九六頁）

17日　窓を開けよう

霊の結ぶ実は愛であり、喜び、平和、寛容、親切、善意、誠実、柔和、節制です。……わたしたちは、霊の導きに従って生きているなら、霊の導きに従ってまた前進しましょう。
（ガラテヤの信徒への手紙五章二二、二五節）

神さま
聖霊に導かれて　わたしも
イエスは主である　と信仰の告白をしました
天の父よ　と祈ることを学びました
礼拝において　御言葉に支えられています

ありがとうございます

神さま
それなのに　いまも不満や不安を抱えて
　こころ穏やかになれません
　聖霊の実を結ぶような　歩みになっていません

神さま
こころ低くして　窓を開けます
どうぞ　聖霊の風を送ってください
もう一度　祈ることを教えてください
不安や不満も　あなたに委ねて
　隣人を愛し　平和を祈る者にしてください

（渡辺正男、二四頁）

18日

おぎない合う

あなたがたはそれぞれ、賜物を授かっているのですから、神のさまざまな恵みの善い管理者として、その賜物を生かして互いに仕えなさい。

（ペトロの手紙Ｉ　四章一〇節）

神さま　いろいろいただいていて
ありがとうございます
それでも　まだ使わないでいるもの
まだわたしのなかで眠っているもの
まだじゅうぶんに活《い》かしていないもの
自分のためばかりでなくひとのためにも

もったいないほど使われていないもの
神さま　あらためて気づかせてください
いただいているすべての賜《たま》ものを
その大小や価値を問わず
喜んでおおらかに用いることを
わたしにあって　ひとに無いもの
ひとにあって　わたしに無いもの
惜しんだりうらやんだりせずに
おたがい出し合い　分かち合い
おぎない合ってあしたを目ざす
そういう隣人同士としてください
いま自分の手のなかにあるもの
それをさし出すことができます
神さま　ありがとうございます

（関茂、九〇頁）

19日　私の心の中には

キリストが死に、そして生きたのは、死んだ人にも生きている人にも主となられるためです。それなのに、なぜあなたは、自分の兄弟を裁くのですか。また、なぜ兄弟を侮るのですか。わたしたちは皆、神の裁きの座の前に立つのです。

（ローマの信徒への手紙一四章九―一〇節）

神さま、
私の心の中には、
自分より弱い人をあなどり、

力のない人を見下《みくだ》し、
小さく貧しい存在をさげすむ思いが
ひそんでいます。

逆に自分より強い人に取り入り、
力ある人にへつらい、
恵まれている人をうらやむ、
まことに醜い心も持っています。

このような内なる心が
さまざまな差別を生み出すもとに
なっているのでしょうか。

神さま、お赦しください。

私たちの世界には差別に苦しむ人、
貧しさのゆえに飢え渇き、
病苦に悩む人が数多くいます。

しかし、
私たちはその痛みを知ろうとせず、
その存在に心を閉ざそうとさえします。

神さま、
悩み苦しむ人たちも、私たちも皆、
あなたによって造られた者であり、
あなたに愛されている者であることを
おぼえさせてください。

神さまが皆に救いの手を
差し伸べてくださるよう祈り、
小さな業でも、
まず自分にできることから
始めさせてください。

（木下宣世、四一頁）

20日　言いわけ

神は、その独り子をお与えになったほどに、世を愛された。独り子を信じる者が一人も滅びないで、永遠の命を得るためである。
（ヨハネによる福音書三章一六節）

わたしたちのために
わたしたちに代わって
十字架へ向かわれた主イエスさま
あなたはののしられてののしり返さず
苦しめられて仕返しをせず
ご自分をつかわされた神に

すべてを黙ってゆだねられました
いまわたしたち　あなたにならって
日々の苦しみをあえていとわず
反省とざんげの機会といたします
足りなかった隣人への愛
少なすぎたゆるしとあわれみ
多すぎた弁解や言いわけ
十字架のイエス・キリストさま
いまもう一度悔いあらためます
あなたが苦難を忍んでくださったので
わたしたちも忍び耐えてまいります
力弱いわたしたちをお助けください
このイエスさまをくださったお方
神さま　ありがとうございます

（関茂、五六頁）

21日

祈り合い、支え合う

兄弟たち、わたしたちの主イエス・キリストによって、また、〝霊〟が与えてくださる愛によってお願いします。どうか、わたしのために、わたしと一緒に神に熱心に祈ってください。

（ローマの信徒への手紙一五章三〇節）

天の父なる神さま
「祈ってほしい」と親しい友からメールがありました
だれにも　他人に代わってはもらえない重荷があります
　わたしたちは　その重荷を自分で負えるように

互いに祈り合い　支え合うのですね

神さま
パウロは「どうか　わたしのために祈ってください」と
　信仰の友の支えを求めました
主イエスも「目を覚まして祈っていなさい」と
　弟子たちの祈りを期待されました

神さま
わたしたちも　復活の主のとりなしに信頼をして
　どうぞ　祈り合う温かい思いをなくしませんように
御前にまみえる日まで　声を掛け合い
　旅装を整えて歩んでいけますように

（渡辺正男、六〇頁）

22日　平和を求めて

実に、キリストはわたしたちの平和でありま す。二つのものを一つにし、御自分の肉にお いて敵意という隔ての壁を取り壊し、規則と 戒律ずくめの律法を廃棄されました。こうし てキリストは、双方を御自分において一人の 新しい人に造り上げて平和を実現し、十字架 を通して、両者を一つの体として神と和解さ せ、十字架によって敵意を滅ぼされました。

（エフェソの信徒への手紙二章一四―一六節）

神さま、

今もなおアベルの血が土の中から叫んでいます。

私たちの世界にいつ平和がくるのでしょうか。

戦争の二十世紀は去り、
平和の二十一世紀を迎えたいと
私たちは願いました。
その祈りも空《むな》しく、大きな悲劇が世界を襲い、
今も泥沼のようなありさまが続いています。
世界中に不安が満ち、不信や憎悪、
また敵意が人々の心を支配しています。

しかし神さま、
自分の心の中にも他者への悪意が
たくさん詰まっていることを私は知っています。

妬《ねた》み、猜疑《さいぎ》、怒り、軽蔑……。
何年も前に受けた仕打ちを忘れられず、
噴き出してくる怒りで、眠れぬ夜もありました。

結局、このような人間の醜悪な思いが
戦争を生み出すもとなのでしょうか。

憐れんでください神さま。
十字架によって敵意を滅ぼし、
二つのものを一つにしてくださった方の
平和だけが、
私たちのたった一つの拠《よ》り所です。

（木下宣世、三九頁）

23日

地上の悲しみ

ヤコブは自分の衣を引き裂き、粗布を腰にまとい、幾日もその子のために嘆き悲しんだ。息子や娘たちが皆やって来て、慰めようとしたが、ヤコブは慰められることを拒んだ。「ああ、わたしもあの子のところへ、嘆きながら陰府へ下って行こう。」父はこう言って、ヨセフのために泣いた。

（創世記三七章三四―三五節）

神さま
愛する幼児を失った母に会いました
子どもの病気の日々を

語りつづけていくとき
眼にいっぱいの涙があふれているのを
拭《ぬぐ》いもせずに
死にいたる日々の愛と悲しみの
言葉をききました

愛する者を失う苦悩に
生きた人たちは、多くいます
自分の心を、胸の奥の奥の底から
ひきちぎられていくような
痛みに耐えつづけた人たちです
この苦しみだけは
ほかの誰にも味わわせたくないと
切に、切に、思います

神さま、あなたの愛せられた
み子イエス・キリストが
あの十字架の道を歩まれたとき
あなたはどこにいましたか
あの十字架の上で、絶望の叫びを
あげられたとき
あなたはどこできいたのですか

神さま、あの日のあなたの痛みと
悲しみのひとかけらを今、感じています
私たちは、地上の耐えがたい悲しみをとおして
あなたの愛にいたるのでしょうか
悲しむ者のさいわいを今、教えてください

（石井錦一、祈、一一四頁）

24日　わたしたちの復活

しかし、実際、キリストは死者の中から復活し、眠りについた人たちの初穂となられました。死が一人の人によって来たのだから、死者の復活も一人の人によって来るのです。
（コリントの信徒への手紙Ⅰ　一五章二〇―二一節）

「あの方は　ここにはおられない
　復活されたのだ」
そうです　主イエス・キリストの勝利
死の支配する今ここから
死を打ち破ってさらにその先へ
主は堂々と進みゆかれました

「もはや死もなく　もはや悲しみも
　嘆きも労苦もない」
すべての人の涙をぬぐうために
その勝利の朝　その栄光の座から
主はみ手をのべて招かれます
来《きた》れ　すべて耐え忍んだ者たちよ
ありがとうございます
だからわたしたちはこうべをあげ
その主に向かって再出発いたします
主の復活は　わたしたち自身の復活
それが主ご自身の堅いお約束
それを信じながら　望みながら
なおしばしこの世の旅路を歩みます
お助けください　主よ

（関茂、四二頁）

25日

わたしも福音を伝えたい

ペトロは言った。「わたしには金や銀はないが、持っているものをあげよう。ナザレの人イエス・キリストの名によって立ち上がり、歩きなさい。」

（使徒言行録三章六節）

神さま
詩人の八木重吉がこのように記しました
私は、一生の自分の行がすべていけない事であっても、
聖書を人にすゝめた事はよい事であったと
信じて死ぬ事が出来ると思ひます

神さま
わたしも　友人から聖書をすすめられて
　主イエス・キリストを信じる者となりました
けれど　わたしはこれまで
　何人の人に聖書をすすめてきたでしょうか
神さま　どうぞ　わたしにも
　聖書は　そして主イエス・キリストの福音は
　人生の最も良きものですよ　と
出会う人に語らせてください

（渡辺正男、六八頁）

26日　なぜと問いつづけて

高い所にいるものも、低い所にいるものも、他のどんな被造物も、わたしたちの主キリスト・イエスによって示された神の愛から、わたしたちを引き離すことはできないのです。
（ローマの信徒への手紙八章三九節）

神さま
なぜ人は苦しまねばならないのですか
なぜ憎しみをもつのですか
なぜ裏切られる痛みがあるのですか
なぜ病苦があるのですか
なぜ不慮の事故にあうのですか

なぜ私だけがひどい目にあうのですか
なぜなぜと問いつづけていっても
何も答えのない暗い日々がありました
今私はなぜと問いつづけた
自分のおろかさを知りました
私の人生のすべてに、神の支配と
摂理のあることを知りました
あらゆる耐えがたい出来事に忍耐することを
幸福の中に感謝することを教えられました
どんなこの世の不幸も
神の愛から離れさせることは
絶対にないのだという
神の約束を信じて
生きられるようになりました

（石井錦一、祈、二三二頁）

27日　死をおそれる思い

イエスは言われた。「わたしは復活であり、命である。わたしを信じる者は、死んでも生きる。生きていてわたしを信じる者はだれも、決して死ぬことはない。このことを信じるか。」

（ヨハネによる福音書一一章二五―二六節）

神さま、
信仰者にとって死は怖くない
というのは本当でしょうか。

私は怖いのです。

若い時は他人事のように思えたのに、
年とともにだんだんと
死は現実のものとなってきました。
親しかった者がぽつり、ぽつりと召されていきます。

神さま、
人は死んだらどうなるのでしょうか。
身体《からだ》は焼かれて灰になります。
その後、私の存在は無になってしまうのですか。

これまで真剣に死と向き合ってこなかった
自分の愚かさを思い知らされています。

憐れんでください、神さま。
今の私には死への不安の迷路から
抜け出す道はないのです。

行きつくところ、
ただ主イエスの復活だけが頼りです。
「平安なんぢらに在《あ》れ」と
弟子たちに語りかけられた
復活の主の御言葉にすがるのみです。

私のすべてを
復活の主にひたすら委ねさせてください。

（木下宣世、六六頁）

28日　永遠の生命

わたしたちは洗礼によってキリストと共に葬られ、その死にあずかるものとなりました。それは、キリストが御父の栄光によって死者の中から復活させられたように、わたしたちも新しい命に生きるためなのです。

（ローマの信徒への手紙六章四節）

神さま
毎日元気で働いているときには
自分の死の日のあることがわかりません

ひとり森の中を歩いて
あるいは夜、ふと目覚めたとき
また、病床にあるとき
自分の死の日を思います
死、自分がいなくなる
すべてがなくなってしまうむなしさ
死には、恐ろしい孤独の地獄があります

このようなときに、洗礼の日をおもいます
主イエスが十字架の死によって
死を滅ぼし、復活の勝利をすでに
約束していてくださったのだと

いつか私の肉体は滅びて消えていきます

でも、洗礼によって
永遠の生命を約束された者は
死の恐怖にもがき苦しんだとしても
なお、すでに死に勝利したもう
主イエスが共にいてくださるのですから
心安らかに、あなたに従い
あなたの約束を信じて歩ませてください

（石井錦一、祈、四二頁）

29日　関わる勇気をください

通りがかりに、アルファイの子レビが収税所に座っているのを見かけて、「わたしに従いなさい」と言われた。彼は立ち上がってイエスに従った。

（マルコによる福音書二章一四節）

神さま
ハンセン病を病んだ詩人塔《とう》和子さんが
「胸の泉に」の中で　こう詠みました
　ああ　何億の人がいようとも　かかわらなければ路傍の人
　私の胸の泉に　枯れ葉いちまいも　落としてはくれない

神さま
主イエスは　徴税人レビに　温かい眼差しを注ぎました
　重い心でエマオに向かう弟子の道連れになりました
　挫折したペトロを　三度もその名を呼んで　招きました

神さま
主イエスは　わたしにも声をかけてくださいました
　そっと肩を並べて　一緒に歩いてくださいます
　ありがとうございます
どうぞ　わたしにも　隣人と一緒に歩ませてください

（渡辺正男、五六頁）

30日　闇に包まれても

わたしはアルファであり、オメガである。初めであり、終わりである。渇いている者には、命の水の泉から価なしに飲ませよう。

（ヨハネの黙示録二一章六節）

神さま　きょうも明るい夕べを
ありがとうございます
やがて　たそがれが忍び寄り
闇がわたしを包むでしょう
でも神さま　ありがとうございます
あなたのいつくしみに照らされて

わたしはこれまで生きてまいりました
たそがれが来て　夜が深まっても
あなたのこの光には勝てません
あなたは　永遠のいのち　永遠の光
夜は去り　朝が来るように
そのいのち　その光が待っています
だから　わたしは恐れません
初めも終わりもあなたのもの
神さま　安心してきょうを終わらせ
心静かにあしたを待たせてください
たとえ死の陰の谷を歩むとも
あなたはそこにいてくださいます
栄光の輝きは曇ることがありません
神さま　ありがとうございました

（関茂、七八頁）

31日　いま、ここで主のみ言を

心の貧しい人々は、幸いである、
天の国はその人たちのものである。
悲しむ人々は、幸いである、
その人たちは慰められる。
（マタイによる福音書五章三―四節）

神さま
福音書のイエスさまの歩みを学んでいます
イエスさまが山に登って
み言を語られた時に　私はできるだけ
イエスさまのそばに近づいて

何を語っておられるかを　ひと言も
聞きのがすことがないようにしていました

イエスさま　ちがいます　おかしいです
私にはとてもだめです　できません
否定と拒否の言葉が次から次へと
とめどなくでてきます
イエスさまのひと言ひと言が
きびしく　はげしく聞こえてきました

でも　じっと耐えて　もう一度
あなたの言葉を聞こうとする時
重く苦しくしか聞こえてこなかった
み言が　いつのまにか　私の心の奥の

王座にどっしりと座りこんでいます
ふしぎな魅力を感じつつ
耐えがたい拒否の中から
やっぱりそうなのだという深い肯定の心が
湧きでる泉のようにあふれてきます

み言を　朝ごとに夜ごとに読むとき
むかしの弟子たちのように
主のみ言を　いま　ここで聞くことのできる
信仰と生活をあたえてください

（石井錦一、信、一五八頁）

第 2 部

教会暦の祈り

アドヴェント　不安を抱えて

恐れるな。わたしは、民全体に与えられる大きな喜びを告げる。
（ルカによる福音書二章一〇節）

神さま、
核の脅威が迫っています。
自然破壊が進み、
水も空気も汚染され、
生き物たちの命が
むしばまれていきます。

人々の心はゆがみ、
耳を塞《ふさ》ぎたくなるような事件が
毎日のように報道されています。

神さま、
この世界はどうなってしまうのでしょうか。
不安です。

どうしたら将来に希望を持つことが
できるのでしょうか。

神さま、クリスマスの出来事を想い起こします。
ベツレヘムの羊飼いたちも
過酷な状況におかれていました。

あの夜のように暗い現実の中で耐えていました。

しかし、天使の御告げを受けて、
イエスさまのお姿に接した時、
彼らは不思議な喜びに満たされました。

神さまは自分たちを、決して見捨ててはおられない、
それどころか慈しんでくださっているということを
幼な子の姿を見て、確信できたからでしょう。

ああ神さま、今年のクリスマス、
この私にも羊飼いのあの喜びをお与えください。

(木下宣世、三三頁)

アドヴェント　暗黒を照らす光

高い所からあけぼのの光が我らを訪れ、
暗闇と死の陰に座している者たちを照らし、
我らの歩みを平和の道に導く。
（ルカによる**福音書一章七八—七九節**）

神さま、なぜ暗いのでしょうか
なにも見えないのです
どうしてよいかわからないのです
仕事も一生懸命にしてきました
人との交わりにも

できるかぎりの誠実さと
真実をつくして生きてきました
自分のしてきたひとつひとつの業が
ようやく実をむすんでくれる
これからはもう一歩前進できると
希望にもえていたときに
きずきあげたひとつひとつが
つきくずされていく悲しみを知りました

生きるということは
こういうことなのかと深く思います
あしたがみえないのです
何もかもすべてが灰色にみえます

主イエスの降誕をむかえる前夜も
すべてが暗い時であったとあります
長く待ち望んだメシヤへの期待に答えて
「われこそメシヤだ」と叫ぶ声は
幾度もきこえました
みんないつのまにか消えていきました
失望に失望を重ねて
すべてが信じられなくなったとき
暗黒と死の陰とに住む者を照らす
救い主が生まれたのです

クリスマスを待つ心を
今の私にもあたえてください

（石井錦一、祈、一三四頁）

クリスマス　この愛の輝き

神は、独り子を世にお遣わしになりました。その方によって、わたしたちが生きるようになるためです。ここに、神の愛がわたしたちの内に示されました。

（ヨハネの手紙Ⅰ　四章九節）

神さま　独り子をくださったこの日
クリスマスを　ありがとうございます
独り子　主イエス・キリストが
あなたの愛をお示しくださって
わたしたちも愛を知りました
どうか　この愛に近く

この愛とともに生かしてください
わたしから身のまわりへ
隣人から隣人へ　そして世界へ
この愛が広まり　この愛が輝き
どうか人びとの目から涙がぬぐわれ
敵であった者同士が握手し
おたがいがおたがいをゆるし合い
この愛を喜び　この愛に感謝し
キリストのもとにある再出発を
みんなが力強く始められますよう
神さま　独り子をいただいた恵みを
無にすることなく　この日から
どうぞわたしたちにさせてください
ありがとうございます　クリスマスを

（関茂、二四頁）

レント　罪の恐ろしさを

神よ、わたしを憐れんでください
**　御慈しみをもって。**
深い御憐れみをもって
**　背きの罪をぬぐってください。**
わたしの咎をことごとく洗い
罪から清めてください。
（詩編五一編三―四節）

神さま、
私は自分の罪の深さを
本当にはわかっていません。

「私は罪人です」と口では祈ります。
でも心のどこかに自己弁護したり、
自分を誇ったりする思いが
ひそんでいるのです。

あなたに対してかたくなで傲慢《ごうまん》な
この罪の恐ろしさを
身に沁《し》みてわからせてください。

あなたの御前にまったく打ち砕かれて、
ひたすら罪の赦しを乞い願う者と
してください。

それなくして神さま、
主の贖いの貴さに
気づくことはできません。

罪を赦された者の真の喜びを
味わうこともできません。

しかし神さま、
主はこのような者のためにも
御自身を十字架の上に
ささげてくださいました。

ただ感謝するのみです。

深く、根強いこの罪を、
無償で赦していただく者の
幸いは、なんと大きなことでしょう。
この恵みに応えて、
自分自身をあなたにささげる
生き方に入らせてください。

（木下宣世、七九頁）

イースター　涙は笑いに

主イエスを復活させた神が、イエスと共にわたしたちをも復活させ、あなたがたと一緒に御前に立たせてくださると、わたしたちは知っています。

（コリントの信徒への手紙Ⅱ　四章一四節）

主イエス・キリストさま
あなたはよみがえられました
だから　もう恐れることはありません
あなたがわたしたちの味方だからです
涙はいつでも笑いに変えられます
終わりは過ぎ去り始まりが来たからです

新しいいのちの始まりが
わたしたちをも新しくしてくれます
見えるもの以上に見えないいのちが
たしかにわたしたちを生かしてくれます
それで　安心して信じます
主の復活は　わたしたちのよみがえり
とこしえの朝に目覚めるその時まで
わたしたちは望みつつ前進します
この世ではなお別れがあり
悲しみがおたがいを包んでも
でも　わたしたちは力強く言います
「また会いましょう」
それは主がよみがえられたからです
ありがとうございます　主よ

（関茂、四四頁）

イースター　赦されて生きる

だから、キリストと結ばれる人はだれでも、新しく創造された者なのです。古いものは過ぎ去り、新しいものが生じた。
（コリントの信徒への手紙Ⅱ 五章一七節）

天の父なる神さま
復活の主イエスに招かれた弟子たちの中に
　「疑う者もいた」と　福音書は記しています
主を見捨てて逃げ出したような自分が
　招かれるはずはない　と思ったのでしょうか

神さま
わたしたちも　招かれるにふさわしいとは
　思っていません　でもあなたは
　ふさわしくない者を赦して　受け容れて
　そして希望を与えてくださいます
ありがとうございます

神さま
イースターの礼拝において
　一同で高笑いをする教会があった　と聞きます
わたしたちも　罪と死に勝利した主に
　こころの底からの感謝と賛美をささげ
　新しい人として　新年度　前に向かわせてください

（渡辺正男、二〇頁）

ペンテコステ　聖霊の御手の中で

彼らはアジア州で御言葉を語ることを聖霊から禁じられたので、フリギア・ガラテヤ地方を通って行った。ミシア地方の近くまで行き、ビティニア州に入ろうとしたが、イエスの霊がそれを許さなかった。

（使徒言行録一六章六―七節）

天の父なる神さま
わたしたちの教会は　みなで努力しているのですが
　高齢化が進み　礼拝出席者は減少しています
行き詰まっているような思いにもなります

神さま
パウロは　小アジアで「聖霊に禁じられて」
　御言葉を　願うように語ることができませんでした
　何度も道を変えて　追い詰められました
でも　その時のパウロも　聖霊の御手の中にあったのですね

神さま
わたしたちも　今も　聖霊の計らいの内にあると信じます
どうぞ　落ち込んでしまうことがありませんように
聖霊が　阻《はば》む力以上に　進める力として
　教会にも　わたしにも　臨んでくださいますように

（渡辺正男、二六頁）

ペンテコステ　吹きぬける風のように

御旨を行うすべを教えてください。
あなたはわたしの神。
恵み深いあなたの霊によって
安らかな地に導いてください。
（詩編一四三編一〇節）

神さま　五月のさわやかな風
ありがとうございます
目にしみる緑　たくさんの花
生かされてきただけでなく
なお生かされてゆくよろこび
吹きぬけてゆく風のように

わたしたちを新しくするもの
高みを望ませてくれるいのち
あなたはそれをくださいました
それはあなたご自身のいのち
イエス・キリストさまのいのち
それと同じいのちがいま
わたしたちを生かしてくれます
このいのち　聖霊の恵み
破れはつくろわれ　いやされ
おたがいが仲直りし
共にひとついのちを感謝し
新しく出直してゆく
それがいまも現実となる驚き
ありがとうございます　神さま

（関茂、一四頁）

聖句索引

石井錦一　（いしい・きんいち）

1931年生まれ。日本基督教団上総大原教会、横須賀上町教会、松戸教会の牧師を務める。1972～94年、『信徒の友』『こころの友』編集長を務める。2016年召天。

木下宣世　（きした・のぶよ）

1942年生まれ。日本基督教団柿ノ木坂教会、船橋教会、西千葉教会の牧師を務める。現在、茂原教会代務者。

関 茂　（せき・しげる）

1936年生まれ。日本基督教団下ノ橋教会、千葉南教会の牧師を務める。2013年召天。

渡辺正男　（わたなべ・まさお）

1937年生まれ。農村伝道神学校教師、日本基督教団玉川教会、函館教会、国分寺教会、青森戸山教会、南房教会の牧師を務める。

一日一祷　毎日の聖書と祈り

2019年 12月1日　初版発行

著者———石井錦一、木下宣世、関 茂、渡辺正男

発行———日本キリスト教団出版局

169-0051　東京都新宿区西早稲田 2 丁目 3 の 18
電話・営業 03 (3204) 0422，編集 03 (3204) 0424
http://bp-uccj.jp

印刷・製本—開成印刷

ISBN978-4-8184-1048-0 C0016　日キ販
Printed in Japan

日本キリスト教団出版局の本

今日のパン、明日の糧

暮らしにいのちを吹きこむ 366 のことば

ヘンリ・ナウエン 著
嶋本 操 監修／河田正雄 訳／酒井陽介 解説
●四六判並製／ 424 頁／ 2400 円＋税

傷つき、揺れ動き、迷い、神を求め続けたヘンリ・ナウエン。その歩みの到達点とも言える、366 の短い黙想を収録。毎日ひとつ、ゆっくり味わうなら、私たちも、キリストの息を吹きこまれ、神を愛して生きる者に変えられていく。

主イエスは近い　クリスマスを迎える黙想と祈り

十字架への道　受難節の黙想と祈り

小泉 健 編著
●各四六判並製／ 120 頁／ 1200 円＋税

待降節第 1 主日からクリスマスを経て、1 月 6 日の公現日まで（『主イエスは近い』）。そして灰の水曜日から受難節を経て、イースターまで（『十字架への道』）。教会暦の特別な時期を祈りながら過ごすための書。毎日の短い御言葉とショートメッセージ、そして祈りを掲載する。